CITATION

« J'ai un collègue qui change d'avis comme de chemise et mon avis c'est qu'il devrait changer plus souvent de chemise. »

Philippe Geluck (1954),
auteur de bande dessinée belge.
Extrait de: *Le Chat a encore frappé*

COMMENT SE VENGER...

... DU COLLÈGUE RADIN

Lorsqu'il s'agit de participer à une quête, le radin prétend toujours ne pas avoir de monnaie. Il ne fréquente pas la machine à café ou bien s'y rend seul et à des horaires décalés de peur d'être obligé de payer sa tournée.
Alors qu'il est parti se restaurer et qu'il a malencontreusement laissé son ordinateur allumé, profitez-en pour utiliser sa boîte mail et envoyer, à chacun de ses collègues, une invitation à déjeuner!

PERLE DE COLLÈGUES

« Et si on obligeait les retraités à revenir travailler? On pourrait partir à la retraite plus tôt, non? »

Deux employés et un patron se retrouvent devant la machine à café. Un employé glisse une pièce dans la fente et la machine dit soudain :

– Vous êtes le millionième client, vous avez le droit d'exercer trois vœux, que j'exaucerai immédiatement !

– C'est ma machine ! dit aussitôt le patron. C'est moi qui ai droit aux trois vœux !

– Non, c'est moi le millionième client ! rétorque l'employé.

– Non, la pièce d'1 euro que tu as mise dans la machine, c'est celle que je t'ai prêtée ! dit son collègue.

Après s'être disputés, les deux employés et le patron conviennent de faire chacun un vœu... Le premier employé demande alors :

– Je voudrais me retrouver sur une île paradisiaque avec plein de pognon !
Et pouf ! L'employé disparaît pour se retrouver sur une île de rêve, les poches pleines de billets de 500 euros.
Le second employé prononce alors son vœu :
– Moi aussi, je veux la même chose et être entouré de filles super canon !
Et pouf ! Le second employé disparaît pour se retrouver sur une île merveilleuse avec plein d'argent et entouré de jeunes femmes à moitié dévêtues...
– Et vous, quel est votre vœu ? demande la machine au patron.
– Je veux qu'ils soient revenus avant la fin de la pause !

PETITE BLAGUE POUR FAIRE CH*** VOTRE COLLÈGUE

Laissez-lui un message téléphonique lui demandant de rappeler M. Lelion et donnez-lui le numéro de téléphone d'un zoo...

PROPOSITIONS DE MÉTIERS DE RECONVERSION À L'INTENTION DE VOS COLLÈGUES

- *Marchand de crème solaire en Bretagne*
- *Passeur de temps*
- *Metteur de points sur les « i »*
- *Gastro-archéologue*
- *Créateur de blagues Carambar*
- *Gonfleur de roue de secours*
- *Faiseur de trous pour donuts*
- *Gratteur d'allumettes*

CITATION

« *C'est dur d'être pape. Il a pas de collègue. Il a personne avec qui causer boulot.* »

Jean Yanne (1933-2003), acteur, humoriste français.
Extrait de *J'me marre*

COMMENT SE VENGER...

... DU COLLÈGUE COLPORTEUR DE RAGOTS

Au début, il vous apparaît comme quelqu'un de sympathique, d'avenant, avec qui vous aimez discuter. Il vous apprend plein de choses sur tout le monde et cela vous fait sourire. Seulement il devient vite lassant et, un jour, ce qu'il colporte à votre encontre finit par revenir à vos oreilles... C'est le moment de vous venger en profitant de son absence pour changer le fond d'écran de son ordinateur par une photo gay. N'oubliez pas de désactiver le mode veille de son ordinateur, et peut-être serez-vous ainsi à l'origine d'une nouvelle rumeur?

Une récente étude française sur la pratique du sport dans les différentes classes socioprofessionnelles a établi que:

Le sport préféré parmi les personnes sans emploi est le basket-ball;

Le sport le plus pratiqué parmi les personnes sans diplôme est le football;

Le sport le plus apprécié chez les ouvriers est le bowling;

Le sport fréquemment pratiqué chez les cadres est le tennis;

Le sport préféré des cadres supérieurs est le squash;

Le sport le plus pratiqué parmi les chefs d'entreprise est le golf.

L'étude démontre donc que plus la situation dans le monde du travail est importante, plus les boules sont petites !

*

Sur son lieu de travail, une blonde sort un arrosoir de son sac et se lève.
– Que vas-tu faire ? lui demande sa collègue.
– Je vais arroser les fleurs de la salle d'attente !
– Mais !? Elles sont en plastique !
– Je sais, c'est pour ça que je ne mets pas d'eau dans l'arrosoir !

PETITE BLAGUE POUR FAIRE CH*** VOS COLLÈGUES

Mettez des paillettes dans le savon des toilettes ! Cela vous permettra aussi de savoir quels sont ceux qui se lavent les mains…

PERLE DE COLLÈGUES

*« Tu as remarqué?
Plus il y a de grévistes,
plus il y a de monde
au comptoir... »*

PETITE LISTE D'INSULTES À L'INTENTION DE VOS COLLÈGUES (À N'UTILISER QU'EN CAS DE PÉTAGE DE PLOMB)

- *Trop con pour travailler, trop laid pour mendier !*
- *Tapis de bain mouillé !*
- *Avec toi, tout devient simple... d'esprit.*
- *Frigo chaud !*
- *Clone de Mickaël Vendetta !*
- *Émetteur de flatulences buccales !*

5 FAÇONS D'AGACER VOTRE COLLÈGUE

- *Rester derrière votre collègue pendant de longues minutes afin de regarder par-dessus son épaule ce qu'il fait.*
- *Faire claquer vos ongles.*
- *Vous racler bruyamment le fond de la gorge à intervalles réguliers.*
- *Agrafer ensemble toutes les feuilles posées sur son bureau.*
- *Éteindre systématiquement la lumière en quittant le bureau de votre collègue.*

Un chef d'entreprise convoque une ouvrière dans son bureau et lui demande:
– Croyez-vous à la vie après la mort, mademoiselle?
– Heu... Non, pas vraiment, répond-elle très étonnée de la question.
– Alors, j'ai quelque chose à vous dire qui risque de vous faire un choc!
– Ah?
– Oui... La semaine dernière, vous vous êtes absentée pour aller à l'enterrement de votre grand-mère. Exact?
– Oui, c'est vrai.
– Eh bien, ce matin... Figurez-vous qu'elle est passée pour vous faire un petit bonjour!

*

Si un homme dit : *« Il est sympa ton nouveau collègue ? »*
Sa femme pense : *« Depuis quand s'intéresse-t-il à mon boulot ? »*
Alors qu'il voulait dire : *« Il t'a draguée ou pas ? »*

*

Si une femme dit : *« Elle est sympa ta nouvelle collègue ? »*
Son mari pense : *« Quel boudin ! J'ai pas de chance… »*
Alors qu'elle voulait dire : *« Elle est mignonne ? Tu lui as fait ton numéro de séducteur ? »*

PETITE BLAGUE POUR FAIRE CH*** VOS COLLÈGUES

Lorsque deux collègues travaillent face à face, quoi de plus drôle que d'inverser les branchements des claviers et des souris des deux ordinateurs ?

COMMENT SE VENGER…

… DU COLLÈGUE QUI S'ÉNERVE POUR UN RIEN

Il est toujours à prendre avec des pincettes et on doit attendre de savoir de quel pied il s'est levé avant d'oser lui adresser la parole. Une petite blague pourra lui redonner le sourire ou bien lui faire définitivement péter un câble : profitez de son absence pour modifier la signature automatique de ses mails en faisant précéder son nom d'une formule telle que « Gros bisous » ou bien « Plein de poutous-poutous ».

CITATION

« Si imparfaitement que nous puissions comprendre nos amis et collègues, la personne que nous sommes voués à comprendre le moins est nous-mêmes. »

Alain de Botton (1969), *journaliste suisse*

PERLE DE COLLÈGUES

– Si on veut notre retraite, faudra bientôt réveiller les morts pour les faire bosser et cotiser !
– Eh bien, commençons par donner du travail aux vivants...

Un employé de bureau, qui en a marre de se faire humilier et insulter par son patron, est de nouveau convoqué dans son bureau.

– Alors là, dit-il à un collègue, ça ne va pas se passer comme d'habitude! S'il ne retire pas ce qu'il va dire, je m'en vais!

Remonté comme une pendule, l'employé entre la tête haute dans le bureau du patron et en ressort quelques instants plus tard...

– Alors? Qu'est-ce qu'il a dit? lui demande son collègue.

– Qu'il me fichait à la porte...

*

Une secrétaire blonde fond en larmes à son bureau. Sa collègue lui demande:
– Que se passe-t-il? Tu t'es encore fait larguer?
– Non, mon père vient de me téléphoner, ma mère est morte!
– Oh... Je suis désolée. Demande au patron à rentrer chez toi?
– Non, je vais rester travailler, ça me changera les idées.
Une heure plus tard, elle reçoit un autre appel téléphonique et éclate de nouveau en sanglots...
– Que se passe-t-il encore? s'inquiète sa collègue.
– C'est horrible! Ma sœur vient de me téléphoner... sa mère est morte aussi!

PETITE BLAGUE POUR FAIRE CH*** VOTRE COLLÈGUE

Passez la souris de son ordinateur en mode gaucher pour inverser les clics gauche et droite, ou bien reconfigurez l'écriture de son clavier Azerty en choisissant un autre clavier et la langue de votre choix!

PROPOSITIONS DE MÉTIERS DE RECONVERSION À L'INTENTION DE VOS COLLÈGUES

- Couvreur d'œufs de Pâques
- Dresseur de chien de fusil
- Mouleur de moules à gaufres
- Changeur de PQ dans un grand restaurant
- Enfonceur de portes ouvertes !
- Sauteur sur sommiers
- Guide-tourista
- Actionneur d'interrupteurs

COMMENT SE VENGER...

... DE LA COLLÈGUE QUI NE RIGOLE JAMAIS

Celle-là, pas moyen de la dérider! Toujours sérieuse, pas moyen de faire une pause de deux minutes pour parler d'autre chose que du boulot et encore moins de plaisanter avec elle. Voici une petite farce qui devrait la surprendre... Un jour de pluie, versez le contenu d'un paquet de confettis dans son parapluie, puis surveillez la sortie de votre collègue afin d'immortaliser en photo, ou bien en vidéo, le moment où elle ouvrira son parapluie au-dessus de sa tête!

CITATION

« Songez que les ouvrages que nous feuilletons le moins, avec le plus de négligence et de partialité, ce sont ceux de nos collègues. »

Denis Diderot (1713-1784), *écrivain, philosophe et encyclopédiste français.*
Extrait *des* *Lettres*

Des cannibales sont recrutés dans une société d'informatique en tant que programmeurs. Le directeur des ressources humaines les prévient :
– Vous avez de très bonnes compétences et nous comptons sur votre savoir-faire. Mais je vous préviens : vous mangerez au restaurant d'entreprise et il est hors de question que vous touchiez à qui que ce soit !
Quelques semaines plus tard, le chef des cannibales est convoqué dans le bureau du directeur...
– Toute votre équipe travaille fort bien, lui dit ce dernier. Par contre, une femme de ménage a disparu... et je soupçonne vous ou l'un de vos hommes d'être à l'origine de cette disparition !

– Nous n'avons rien à voir avec cette histoire de disparition! jure le chef des cannibales.
Le DRH le laisse retourner à son travail tout en lui promettant de mener son enquête. Le chef des cannibales revient dans son bureau et demande aux autres:
– Quel est l'abruti qui a bouffé la femme de ménage?
Un des cannibales avoue:
– C'est moi! J'avais un petit creux...
– Crétin! Jusque-là on n'a bouffé que des responsables de projets et des chefs de service pour que personne ne s'aperçoive de rien, et toi, tu manges la femme de ménage?

PETITE BLAGUE POUR FAIRE CH*** VOTRE COLLÈGUE

Remplacer la page d'accueil de son navigateur internet par celle d'un site coquin...

PETIT TRUC POUR NE PLUS VOIR SON COLLÈGUE

Vous avez la chance d'avoir un service des archives? Quel bonheur! Foncez-y et... cherchez! Cherchez-y n'importe quoi, n'importe où et tout le temps qu'il faudra pour vous calmer avant de revenir travailler.

PERLE DE COLLÈGUES

« La vache ! La manif d'hier m'a niqué les pieds... Aujourd'hui, je m'assois et je fous rien ! »

COMMENT SE VENGER...

... DU COLLÈGUE QUI SOUHAITE SE BARRER

*Il est en relation avec des chasseurs de tête, toujours prêt à se vendre au plus offrant, car il considère qu'il mérite mieux que de travailler dans cette entreprise de m****. Sur la boîte vocale de sa ligne directe ou, mieux, de son téléphone portable, enregistrez un message qui devrait décourager ses futurs employeurs : « Bonjour ! Eh oui... Je suis encore en vacances, j'en avais marre de glander au boulot, alors je suis parti bronzer cul nu ! »*

PETITE LISTE D'INSULTES À L'INTENTION DE VOS COLLÈGUES (À N'UTILISER QU'EN CAS DE PÉTAGE DE PLOMB)

- *Tu es un match nul à toi tout seul.*
- *Grumeau de pâte à crêpe !*
- *Cruche sans eau ni anse !*
- *Candidat de la téléréalité !*
- *Made in Turkistan !*
- *Dérivé transgénique de Jean-Claude Vandamme !*

PETITE BLAGUE POUR FAIRE CH*** VOTRE COLLÈGUE

Envoyez-lui des fleurs avec un petit mot doux de la part d'un autre collègue...

Un chef du personnel décide d'embaucher un handicapé dans l'entreprise. Durant l'entretien, il demande au candidat de lui parler un peu de son handicap. L'homme lui explique alors :
– J'étais démineur... Un jour, j'ai sauté sur une mine et j'ai perdu mes testicules.
– Les deux ?
– Les deux... Mais je peux travailler comme les autres !
– Je n'en doute pas ! Cependant, je vous conseille de commencer le travail à 11 h au lieu de 8 h 30.
– Mais je vous assure que je peux travailler comme tout le monde ! Il ne

doit pas y avoir de favoritisme, c'est mauvais pour le travail d'équipe. Il faut que vous fassiez abstraction de mon handicap, je ne mérite aucun traitement de faveur !
– Oui, je comprends bien, mais malheureusement, de 8 h 30 à 11 h, tous vos collègues se grattent les couilles devant la machine à café...

*

Comment peut-on installer soi-même la climatisation dans un bureau ?
En mettant dans la même pièce ceux qui brassent de l'air et ceux qui nous pompent l'air !

CITATION

« Pour s'entendre entre mari et femme, entre collègues, entre amis, avec n'importe qui, entre les peuples, aux conférences de paix, il ne devrait y avoir que ce moyen : le silence. »

Gabrielle Roy (1909-1983), *écrivaine canadienne.*
Extrait d'*Alexandre Chenevert*

IDÉES DE CADEAUX À OFFRIR À UN COLLÈGUE...

... POUR FÊTER SON DÉPART EN RETRAITE

- 1 paire de chaussons
- 1 abonnement au magazine *Notre Temps*
- 1 assurance obsèques
- 1 boîte de Viagra
- 1 invitation pour assister à l'émission *Questions pour un champion*
- 1 canne
- 1 dentier
- 1 paire de chaussettes chaudes

COMMENT SE VENGER...

... DU COLLÈGUE DRAGUEUR INVÉTÉRÉ

Toujours en train de faire des petites blagues salaces, des allusions malsaines, de draguer les petites stagiaires... Il se prend pour un play-boy, mais franchement, qui voudrait de lui ? Peut-être que s'il trouvait chaussure à son pied, il cesserait son harcèlement ? Rien n'est moins sûr, mais ça vaut quand même le coup d'essayer : servez-vous de son adresse mail pour l'inscrire à tous les clubs de rencontres ! Sans oublier les clubs gays, cela va de soi...

PERLE DE COLLÈGUES

« Il faudrait qu'on prenne notre retraite avant de commencer à travailler. Comme ça, ce serait pareil pour tout le monde ! »

PETITE BLAGUE POUR FAIRE CH*** VOTRE COLLÈGUE

Sur un forum ou un site de rencontres gratuit, passez une petite annonce avec la photo d'une sublime blonde qui cherche une rencontre d'un soir. Communiquez bien entendu le numéro de téléphone de votre collègue...

PETITES CITATIONS À L'INTENTION DU COLLÈGUE À QUI VOUS SOUHAITEZ DÉLÉGUER DU TRAVAIL...

« *Travail bien réparti ne tue pas.* »

Proverbe français.

*

« *Le travail est un trésor. Le travail des autres, cela va de soi.* »

Henri Jeanson (1900-1970), *écrivain français.*

*

« *Une machine peut faire le travail de cinquante personnes ordinaires mais elle ne peut pas faire le travail d'une personne extraordinaire.* »

Robert Cringely (1953), *journaliste américain.*

Deux collègues de bureau parlent de leurs pratiques sexuelles.
– Moi, ce que j'aime, c'est le sexe-rodéo !
– Le sexe-rodéo ? Qu'est-ce que c'est ?
– Tu ne connais pas ? C'est super, je t'explique... Pendant que tu fais l'amour à ta femme et que tu es sur elle, tu lui dis doucement à l'oreille : « J'adore ce parfum, c'est le même que celui de ma collègue ! » Et à partir de ce moment-là, tu comptes le nombre de secondes que tu arrives à rester sur elle...

*

Un patron gronde sa secrétaire blonde :
– C'est la cinquième fois que vous arrivez en retard cette semaine ! Que dois-je en conclure ?
– Heu... Ben... Que nous sommes vendredi ?

*

Une assistante de direction téléphone à ses collègues depuis son lieu de vacances...
– Alors, les filles, comment ça va au bureau ?
– Ça va, ça va...
– Ce n'est pas trop pénible de me remplacer auprès du patron ? demande l'assistante.
– Non, je fais le café, Angèle lit tes *Voici* et Sophie couche avec le patron...

PETITE LISTE D'INSULTES À L'INTENTION DE VOS COLLÈGUES (À N'UTILISER QU'EN CAS DE PÉTAGE DE PLOMB)

- *Gangrène de la pensée!*
- *Tu es resté à l'état embryonnaire.*
- *Remontée gastrique!*
- *L'intérieur de ton crâne est triste comme un frigo vide.*
- *Cousin consanguin de George Bush!*
- *Fin de série!*

PETITE BLAGUE POUR FAIRE CH*** VOTRE COLLÈGUE

Mettez un bout d'adhésif sur l'interrupteur du téléphone. Ce dernier continuera à sonner lorsque votre collègue décrochera...

Un employé de bureau bouscule l'assistante du grand patron et entre sans frapper dans le bureau de ce dernier. Il baisse son pantalon, lui montre son derrière, se retourne pour lui tirer la langue, lui fait un bras d'honneur et repart… À ce moment-là, le téléphone de l'assistante se met à sonner… Elle décroche et à l'autre bout du fil un employé lui dit :
– On cherche Roger partout ! Si vous le voyez, dites-lui que c'est une blague : il n'a pas gagné au Loto !

*

Un chef de service entre dans un bureau et demande à un employé :
– Que faites-vous ?
– Rien, chef !
– Et vous ? demande-t-il à son collègue.
– Je lui donne un coup de main, chef !

*

Lors d'une réunion avec leur patron, deux collègues s'engueulent :
– Vous êtes le pire abruti que j'ai jamais rencontré !
– Et vous la plus grosse tache que j'ai jamais vue !
– Oh, oh ! fait le patron. Vous avez oublié que je suis là ?

PROPOSITIONS DE MÉTIERS DE RECONVERSION À L'INTENTION DE VOS COLLÈGUES

- *Cueilleur de coquillettes au beurre*
- *Détective privé d'intérieur*
- *Chausseur de pied de nez*
- *Paravent mobile*
- *Promoteur immobilier pour bernard-l'hermite*
- *Attaché de presque*
- *Noueur de lacets de pantoufles*
- *Con de service*

COMMENT SE VENGER...

... DU COLLÈGUE FAYOT MÉDISANT

Toujours aimable et poli avec tout le monde, c'est en réalité un faux-cul de première qui cherche à se faire bien voir de sa hiérarchie. Ce roi des hypocrites profite de la moindre occasion pour médire auprès de son supérieur et discréditer le travail des autres. Si vous avez le sentiment que votre patron ne vous accorde plus la même confiance, le moment est peut-être venu de faire tourner la roue... Servez-vous de la boîte mail de votre collègue pour envoyer – par erreur au patron – un message qu'il aura ensuite bien du mal à expliquer...
« Je vais peut-être rentrer tard ce soir, je pense rester glander un peu pour faire croire à ce connard de [nom du boss] que je travaille ! »

CITATION

« L'emploi fictif permet aux travailleurs effectifs d'idéaliser des collègues ou des supérieurs qu'ils ne rencontreront jamais. »

Philippe Bouvard (1929), journaliste français, présentateur de radio et de télévision.
Extrait de *Mille et une pensées*

PETITE BLAGUE POUR FAIRE CH*** VOTRE COLLÈGUE

La veille du mardi gras et avec la complicité de tous vos autres collègues, dites-lui que demain, jour de carnaval, tout le monde arrivera déguisé pour travailler!

Deux collègues parlent d'une nouvelle stagiaire:
– Elle est mignonne, je te parie que je couche avec elle dès ce soir!
– Pari tenu!
Le lendemain les deux collègues se retrouvent devant la machine à café.
– Alors?
– Alors, j'ai gagné mon pari! Mais ce n'était pas terrible, ma femme fait mieux l'amour qu'elle...
– Ah bon? Je couche avec la stagiaire dès ce soir et je te dirai ce que je pense d'elle!

*

Le surlendemain les deux collègues se retrouvent encore à la pause-café :
– Alors ? Tu as couché avec elle ?
– Oui ! Et tu avais raison : c'est bien mieux avec ta femme !

*

Une assistante de direction annonce à son patron qui arrive au bureau :
– Monsieur le directeur, quelqu'un est venu pour vous voir tout à l'heure, et il voulait vous casser la figure !
– Oh ! Et que lui avez-vous dit ?
– Que vous n'étiez pas là, et que j'étais vraiment désolée...

PERLE DE COLLÈGUES

Au restaurant :

– Les enseignants, les fonctionnaires... tous des fainéants !

– Chuuut...

– Mais ils branlent rien !

– Chuuut... La table à côté, c'est des profs...

– Eh ben voilà, c'est bien ce que je disais !

COMMENT SE VENGER...

... DU COLLÈGUE "MONSIEUR-JE-SAIS-TOUT"

Alors lui, il nous gonfle! À peine pose-t-on un problème que « monsieur » a déjà la solution toute trouvée. Pas forcément la bonne d'ailleurs, mais il est tellement sûr de lui qu'il est inutile de discuter. Voyons si cette fois-ci il trouvera la solution à l'énigme qui consistera à rendre inutilisables toutes les icônes de son ordinateur... Pour cela, faites une capture d'écran de son bureau (outil Capture sous PC, ou les touches Pomme + Maj + 3 sous Mac). Définissez ensuite cette capture comme fond d'écran, puis supprimez l'affichage de toutes ses icônes (clic droit sur le bureau puis « Affichage » sous PC, dans le « Finder » et « Préférences » sous Mac). Bonne chance à lui!

PETIT TRUC POUR NE PLUS VOIR SON COLLÈGUE

Dites simplement : « Je vais à la direction du personnel... » Il ne devrait pas oser vous demander pourquoi. Si malgré tout sa curiosité le pousse à vouloir en savoir plus, répondez laconiquement « c'est personnel » ou « c'est confidentiel ». Profitez de ce temps libre pour aller boire un café...

PETITE BLAGUE POUR FAIRE CH*** VOTRE COLLÈGUE

Saisissez « être rappelé » dans Google. Vous trouverez des milliers de sites sur lesquels vous pourrez laisser le numéro de téléphone de votre collègue, qui sera submergé d'appels commerciaux improbables !

Une secrétaire blonde grimpe tout en haut d'une échelle pour aller chercher des dossiers que son patron lui a demandés. Un peu plus tard, une de ses collègues lui dit :
– Tu n'as pas compris que le patron te demande tous les jours d'aller chercher ces dossiers pour regarder ta petite culotte ?
– Bien sûr que si, ne me prends pas pour une idiote ! lui répond la blonde. Et c'est bien pour ça que je ne mets plus de culotte !

*

Un couple se dispute...
– Alors, fait le mari, puisque tu n'es pas heureuse avec moi, explique-moi pourquoi tu restes avec moi!
– Juste pour avoir un sujet de conversation au bureau...

*

Pourquoi les directeurs du personnel installent-ils un bocal de poissons rouges sur leur bureau?
Parce que ça les rassure de voir quelqu'un ouvrir la bouche pour autre chose qu'une demande d'augmentation!

PROPOSITIONS DE MÉTIERS DE RECONVERSION À L'INTENTION DE VOS COLLÈGUES

- *Sonneur de trompe d'éléphant*
- *Sauteur de crêpes*
- *Testeur de matelas*
- *Effeuilleur de pétales de marguerite*
- *Sapeur-plombier*
- *Brasseur d'air*
- *Pokémon*
- *Repasseur de tôle ondulée*

COMMENT SE VENGER...

... DE VOTRE P'TITE CONNE DE COLLÈGUE

Avec ses minijupes, sa petite gueule de pétasse et son air ingénu, il n'y en a que pour elle! Tout le monde lui sourit et elle obtient ce qu'elle veut! À l'approche de l'été, afin de garder la ligne et d'entrer dans son bikini taille 36, elle boit l'eau d'une bouteille qu'elle laisse traîner sur son bureau... Voilà une belle occasion d'y ajouter un peu de vodka, juste pour le plaisir de l'entendre s'écrier: « Oups! Je crois que j'suis pompette! »

PETITE LISTE D'INSULTES À L'INTENTION DE VOS COLLÈGUES (À N'UTILISER QU'EN CAS DE PÉTAGE DE PLOMB)

- *Collectionneur de sonneries de portable à la con !*
- *Fils illégitime de Paris Hilton !*
- *Tartiflette sans fromage !*
- *Erreur 404 !*
- *Tu as un petit Flamby à la place du cerveau.*
- *Laisse-toi pousser les cheveux, ça cachera ta tête de con.*

PETITE BLAGUE POUR FAIRE CH*** VOTRE COLLÈGUE

•

Remplacer les numéros téléphoniques des raccourcis d'appels de son poste de téléphone par ceux de sex-shops...

Une blonde vient d'être nommée directrice des ressources humaines. Lors d'une réunion de cadres, le grand patron la présente au reste de l'équipe:
– J'ai le plaisir de vous présenter Samantha, votre nouvelle directrice des ressources humaines. Samantha a été engagée chez nous il y a deux mois, comme hôtesse d'accueil. Une semaine plus tard, elle devenait commerciale, et encore une semaine après, chef des ventes. Et ainsi de suite, de semaine en semaine, à force de travail, Samantha a su gravir un à un les échelons.

Samantha, qu'avez-vous à nous dire?
La blonde se lève et balbutie:
– Mer... Merci!
– C'est tout? dit le grand patron.
– Pardon... Merci, chéri.

*

Une assistante de direction annonce à son patron:
– J'ai deux nouvelles à vous annoncer, monsieur.
– Commencez par la bonne...
– Vous n'êtes pas stérile!

PETIT TRUC POUR NE PLUS VOIR VOS COLLÈGUES

Prenez vos congés en juillet, pas en août ! Au mois d'août, la grande majorité de vos collègues sont en vacances. C'est le mois idéal pour éviter le plus grand nombre d'entre eux, et ne plus les voir, c'est déjà des vacances !

CITATION

« Le cancer peut s'attraper par l'intermédiaire d'un collègue de bureau... Il suffit de fumer ses cigarettes... »

Patrick Sébastien (1953), imitateur, humoriste,
chanteur et animateur français.
Extrait de *Carnet de notes*

COMMENT SE VENGER...

... DU COLLÈGUE QUI VOUS EMPÊCHE DE TRAVAILLER

Il a toujours quelque chose à vous demander : un service, un avis, de l'aide, une agrafeuse... Bref, il vous importune toutes les cinq minutes et vous ne parvenez plus à vous concentrer. Voilà une blague qui devrait vous offrir un peu de calme... Dans un site gratuit de petites annonces, passez une offre très alléchante en laissant son numéro de téléphone de bureau : « URGENT, cause séparation, vends Audi 3 toutes options, neuve (7 000 km), garantie constructeur 2 ans. 5 000 euros. » On va voir s'il peut bosser en étant dérangé toutes les cinq minutes !

PETITE BLAGUE POUR FAIRE CH*** VOTRE COLLÈGUE

Lui dire qu'il est attendu d'urgence en réunion dans une salle où se tient effectivement une réunion, mais pas de son équipe...

Une blonde annonce à sa collègue de bureau :
– Je vais chez le dentiste ce midi... On se retrouve après pour manger ensemble ?
– Oui. On se retrouve au café de la Gare ou bien à celui qui est de l'autre côté, La Civette ?
– Au café de la Gare, vers 12 h 30 ?
– D'accord ! À tout à l'heure, et bon courage pour le dentiste !
À 12 h 30, la copine attend sa collègue blonde au café de la Gare. Une demi-heure plus tard, elle n'est toujours pas là... À 13 h, ne la voyant toujours pas arriver, elle décide de manger sans elle. À 13 h 30, elle revient au bureau

et constate que sa collègue a déjà repris le travail...

– Ben alors? Tu as oublié notre rendez-vous?

– Non, répond la blonde, mais le dentiste m'a dit de manger de l'autre côté...

*

Quelle différence y a-t-il entre une assistante de direction blonde et une assistante de direction brune?

La blonde trompe son patron avec son mari...

PERLE DE COLLÈGUES

« Les 35 heures, c'est une connerie, ça pouvait pas marcher. Une journée, ça fait 24 heures et ça n'y changera rien. C'est la loi de la nature. »

PETIT TRUC POUR NE PAS VOIR SON COLLÈGUE

Pour passer le moins de temps possible en compagnie de votre collègue détesté, travaillez si possible en horaires décalés. De même, ne prenez jamais vos vacances en même temps que lui, et tous les ans, c'est au minimum cinq semaines pendant lesquelles vous n'aurez pas à supporter son faciès !

PETITES CITATIONS À L'INTENTION DES COLLÈGUES FAINÉANTS

« Tout salaire mérite travail. »

Yvon Gattaz (1925),
chef d'entreprise français.

*

« Le travail n'épouvante
que les âmes faibles. »

Louis XIV (1638-1715),
roi de France et de Navarre.

*

« L'oisiveté est comme la rouille;
elle use plus que le travail. »

Benjamin Franklin (1706-1790),
scientifique et homme politique américain.

5 FAÇONS D'AGACER VOTRE COLLÈGUE

- Emprunter ses stylos et les lui rendre mordillés au bout, avec encore un peu de salive dessus.
- Vous couper et vous limer les ongles.
- Bâiller d'ennui quand il vous parle.
- Parler à vous-même, réfléchir à voix haute.
- Inverser les capuchons de couleur de ses stylos, accrocher tous ses trombones ensemble, casser les mines de ses crayons...

COMMENT SE VENGER...

... DE LA COLLÈGUE TOUJOURS EN ARRÊT MALADIE

Travaille-t-elle à mi-temps ? Solde-t-elle ses RTT ? Non, elle est juste tout le temps en arrêt maladie. Non pas parce qu'elle a une santé fragile, mais seulement parce que c'est une grosse feignasse... Profitez d'une de ses absences pour acheter un stock de gros ruban adhésif marron et de papier toilettes afin d'enrubanner tout son bureau ! Son ordinateur, chaque objet, chaque crayon, son siège, son bureau, recouvrez tout de papier toilettes et d'adhésif ! À son retour, quel plaisir de la voir s'activer pour tout enlever ! Et puis quoi, il n'y a rien de méchant ? Ça prouve au contraire que, même en son absence, on pense à elle...

CITATION

« Dans votre ascension professionnelle, soyez toujours très gentil pour ceux que vous dépassez en montant. Vous les retrouverez au même endroit en redescendant. »

Woody Allen (1935),
réalisateur, scénariste
et acteur américain.

Trois secrétaires parlent de leur patron...

– L'autre jour, j'ai trouvé un Playboy dans le tiroir de son bureau. Je l'ai glissé dans le dossier qu'il destine à la comptable ! dit la première.

– Ah ! Ah ! Ah ! Moi, avoue la deuxième, je m'amuse à percer avec une aiguille les préservatifs qu'il cache dans une poche de sa veste !

Et la troisième s'évanouit...

*

Une blonde au bureau s'affole et se met à crier :
– J'ai perdu mon stylo ! J'ai perdu mon stylo !
– Ne panique pas ! lui répond sa collègue, il est derrière ton oreille...
– Mais laquelle ? Dis-moi laquelle ?

*

Un fonctionnaire assis à son bureau se réveille en sursaut... Il regarde la pendule et voit qu'elle indique 17 heures.
– Merde ! s'exclame-t-il. J'ai encore travaillé une heure de trop !

PETITE LISTE D'INSULTES À L'INTENTION DE VOS COLLÈGUES (À N'UTILISER QU'EN CAS DE PÉTAGE DE PLOMB)

- Star académicien turc!
- Vieux slip sans élastique!
- Tu as le cerveau d'un génie! Mais il est comme la lessive du même nom, en poudre.
- Tranche de cervelle de Steevy Boulay!
- Tu as le QI d'une huître mazoutée.
- Hibou à tête de pigeon!

PETITE BLAGUE POUR FAIRE CH*** VOTRE COLLÈGUE

Permuter toutes les adresses mails et les prénoms des contacts de sa boîte mail...

PERLE DE COLLÈGUES

– Tu fais grève?
Tu viens manifester?
– Non, j'suis trop crevé,
je vais rester travailler...

PROPOSITIONS DE MÉTIERS DE RECONVERSION À L'INTENTION DE VOS COLLÈGUES

- *Porteur de courrier électronique*
- *Glandouilloman*
- *Arroseur de plantes aquatiques*
- *Contrôleur de la fluidité de l'eau*
- *Testeur de papier toilettes*
- *Demoiselle d'honneur à louer*
- *Expert branleur-glandeur*

COMMENT SE VENGER...

... DE VOTRE GROS CON DE COLLÈGUE

Celui-là, vous ne le supportez pas. Et d'ailleurs, c'est réciproque! Il ne vous a rien fait de particulier mais c'est physique, vous ne pouvez pas le voir en peinture.

« Empruntez » *ses cartes de visite qu'il range dans son bureau et écrivez au dos de chacune d'elles:* « J'ai envie de vous, téléphonez-moi... »

PETITE BLAGUE POUR FAIRE CH*** VOS COLLÈGUES

Couvrez les toilettes d'une feuille de Cellophane. Une fois la lunette rabattue, elle sera totalement invisible...

Un ouvrier demande un jour de congé à son chef :

– Est-ce que je pourrais m'absenter demain ? Ma femme a besoin de moi à la maison pour faire le grand nettoyage de printemps…

– Écoutez… Un tiers de vos collègues est en grève, un autre tiers en arrêt maladie… Non, franchement, on ne peut pas se permettre de donner des congés.

– Merci, patron ! Je savais que je pouvais compter sur vous !

*

Une employée annonce à une collègue :

– Le patron m'a invitée à dîner, ce soir !

– Ah bon ? Méfie-toi, il va t'arracher tes vêtements...
– Merci de me prévenir ! Je mettrai des trucs auxquels je ne tiens plus trop !

*

Une blonde raconte à une copine :
– J'ai été reçue par mon patron, aujourd'hui. Tu sais ce qu'il m'a proposé ?
– Non ?
– Il m'a demandé si je serais intéressée par une promotion canapé !
– Oh !!! Et qu'est-ce que tu lui as répondu ?
– Ben... Comme mon canapé est foutu, j'ai dit oui !

PETIT TRUC POUR NE PLUS VOIR SON COLLÈGUE

Dites, l'air abattu : « Je vais à la compta... » Cette petite phrase devrait suffire à décourager votre collègue d'en savoir plus tant vos explications pourraient vite devenir indigestes. Profitez de ce temps pour faire un petit tour et souffler un peu.

PERLE DE COLLÈGUES

– J'en ai marre de travailler avec toutes ces têtes de cons autour de moi ! Enfin, je voulais dire que… je… Et toi, t'en penses quoi ?
– Idem !

IDÉES DE CADEAUX À OFFRIR À UN COLLÈGUE...

... POUR FÊTER SON ARRIVÉE

- 1 corde pour se pendre
- 1 boîte de Xanax
- La photo encadrée du patron à mettre sur le bureau

... POUR FÊTER UNE NAISSANCE

- 1 boîte de préservatifs
- 1 bon pour un test ADN
- 1 boîte de boules Quies
- 1 paquet de lingettes

COMMENT SE VENGER...
... DE LA COLLÈGUE TOUJOURS EN RETARD

Comme elle est toujours la dernière arrivée, on ne peut vraiment pas compter sur elle... Elle se pointe avec une demi-heure de retard aux réunions, rend son travail le lendemain et toute l'équipe finit par pâtir de son manque d'assiduité.
Un jour où elle arrive tout essoufflée avec une heure de retard, en évoquant encore une excuse bidon, dites-lui que le directeur la cherche partout et qu'il l'attend d'urgence dans son bureau...

*

Un chef d'entreprise convoque ses employés...

– Messieurs, nous traversons une crise grave et nous allons certainement devoir déposer le bilan. Cette année, j'ai réalisé seul 20 % des profits de la société ! Alors que vous...

– Alors que nous, reprend un employé, nous avons réalisé 80 % des profits !

– Parfaitement exact ! répond le patron. Mais le problème, c'est que 80 % des profits de notre société proviennent de la machine à café !!!

*

Une stagiaire entre en larmes dans le bureau de son directeur.

– Monsieur le directeur! C'est atroce!

– Qu'y a-t-il, ma petite?

– Je suis allée chez mon gynécologue, hier. Il m'a dit que j'étais enceinte!

– Et alors?

– Il n'y a qu'avec vous que j'ai eu des relations sexuelles. L'enfant est de vous...

– Vous savez, je suis marié, j'ai des enfants... Qu'allez-vous faire?

– Je ne sais pas, je n'ai que 18 ans et mes parents vont me jeter à la rue! Il ne me reste plus qu'à me suicider!

– Ma petite, j'ai toujours su que je pouvais compter sur vous!

PETIT TRUC POUR NE PLUS VOIR VOS COLLÈGUES

Vous ne supportez plus la lourde et pesante réunion indigeste à laquelle vous êtes contraint d'assister ? Vous vous sentez cerné par une bande de cons ? Simulez quelques haut-le-cœur, placez la main devant votre bouche, gonflez les joues et sortez en courant !

CITATION

« À la Sécurité sociale, tout est assuré. Sauf la pendule. Ça, on ne risque pas de la voler, le personnel a les yeux constamment fixés dessus ! »

Coluche (1944-1986),
humoriste et comédien français.

PETITE BLAGUE POUR FAIRE CH*** VOTRE COLLÈGUE

Cachez dans le faux plafond du bureau de votre collègue une carte musicale d'anniversaire qui pendant des heures diffusera une petite musique bien crispante ! Vous pouvez pousser le vice jusqu'à lui dire que vous n'entendez rien et que ce doit être dans sa tête...

PETITE LISTE D'INSULTES À L'INTENTION DE VOS COLLÈGUES (À N'UTILISER QU'EN CAS DE PÉTAGE DE PLOMB)

- *Quand tu ouvres la bouche, on entend le son de la cloche...*
- *Grosse quiche aux lardons !*
- *Fils caché de Zahia et Franck Ribéry !*
- *Bulle de Badoit !*
- *T'as de l'eau dans le bocal ou quoi ?*
- *Circoncis de l'esprit !*

Deux anciens collègues se retrouvent...
– Alors ! La retraite, c'est bien ?
– Génial ! C'est la liberté ! Je me lève quand je veux, je mange à l'heure que je veux, je fais ce que je veux de mes journées, le pied ! Dommage que ma retraite se termine bientôt...
– Hein !? Ne me dis pas que tu as l'intention de retravailler !
– Non, mais ma femme aura sa retraite dans trois mois...

*

Un patron reproche à sa secrétaire de faire trop de fautes d'orthographe :
– Que vous arrive-t-il ? Avant, vous ne faisiez aucune faute ?

– Vous n'avez qu'à remettre le chauffage! lui répond-elle.
– Quel rapport?
– Vous avez déjà essayé de taper sur un clavier avec des moufles?

*

Un chef de chantier hurle à l'employé qui se trouve deux étages plus haut:
– Stéphane!!! Tu es licencié!
– Hein?
– Je dis que tu es viré!
– Quoi? J'entends rien!
– JE TE VIRE!
– Hein?
– TU ES... Bon, laisse tomber, je vais virer Antoine.

PERLE DE COLLÈGUES

– Votre collègue a-t-il eu un rapport?
– Avec qui? Avec moi?

COMMENT SE VENGER...

... DU COLLÈGUE QUI FAIT DES BLAGUES DE MAUVAIS GOÛT

Blagues de potache, histoires salaces, plaisanteries déplacées, rien ne l'arrête, il trouve toujours une connerie à dire ou bien à faire. À la longue, c'est épuisant ! « Empruntez » son téléphone portable et inversez votre numéro avec celui de votre patron. Envoyez-lui ensuite des déclarations d'amour enflammées par SMS...

PETITE BLAGUE POUR FAIRE CH*** VOTRE COLLÈGUE

Créez une fausse adresse de messagerie (dans Hotmail par exemple), dont la première partie est la même que celle qu'utilise habituellement votre supérieur. Adressez ensuite un mail à votre collègue pour lui annoncer qu'il peut ne pas venir travailler le lendemain ou qu'il va être augmenté, ou encore qu'il est convoqué à une réunion...

PROPOSITIONS DE MÉTIERS DE RECONVERSION À L'INTENTION DE VOS COLLÈGUES

- Raconteur de salades
- Masseur de porc-épic
- Aide-glandouille
- Ramasseur de chewing-gums collés sous bureaux
- Preneur de silence
- Tricoteur de temps libre
- Marchand de châteaux de sable

Une employée arrive au travail avec un œil au beurre noir.
– Que t'est-il arrivé? lui demande sa collègue.
– C'est la femme du patron...
– La femme du patron! Mais je croyais qu'elle était en voyage?
– Nous aussi, on croyait...

*

Dans une grosse société, un employé de bureau s'empare de son téléphone pour faire une bonne farce à un collègue mais se trompe de numéro... Lorsque son interlocuteur décroche, il lance :
– Bouge un peu ton cul et va me chercher un café ! Et magne-toi, je n'ai pas que ça à foutre, moi !
De l'autre côté du fil, l'interlocuteur surpris lui répond :
– Mais !? Vous... Vous savez à qui vous parlez ? Vous parlez au président-directeur général !
L'employé dit alors :
– Et vous, vous savez à qui vous parlez ?
– Non... fait le PDG.
– Ouf...

5 FAÇONS D'AGACER VOTRE COLLÈGUE

- Renifler à intervalles réguliers.
- Faire cliquer un stylo en actionnant la sortie et la rentrée de la mine.
- Manger des choses odorantes dans le bureau (sandwich au pâté, œufs durs, frites du McDo, plats chinois, saucisson à l'ail...).
- Siffloter en permanence.
- Rire à gorge déployée quand votre collègue est au téléphone.

PETITE BLAGUE POUR FAIRE CH*** VOS COLLÈGUES

Débranchez la machine à café et observez l'énervement, l'anxiété et la panique de chacun de vos collègues...

COMMENT SE VENGER...

... DU COLLÈGUE QUI SE PLAINT TOUT LE TEMPS

Jamais content, éternel insatisfait, il a trop de travail ou bien pas assez de responsabilités. Bref, pour lui il fait trop chaud l'été et trop froid l'hiver... Parce que vous en avez marre d'écouter « La complainte du phoque en Alaska », que ses lamentations vous exaspèrent et qu'elles vous minent le moral, sapez-lui le sien en lui annonçant : « Tiens, j'ai eu une prime sur ma feuille de paye ! Toi aussi ? »

PETIT TRUC POUR NE PLUS VOIR SON COLLÈGUE

Votre collègue vous insupporte ? Avant de « péter un câble », prenez un dossier sous le bras tout en fronçant les sourcils, puis empruntez tous les couloirs, tous les étages... Tout le monde pensera que vous travaillez alors que vous êtes en train de vous promener !

Une stagiaire blonde tente de trouver une explication à un mystère auprès de sa collègue de bureau...

– Je ne comprends pas! Ça fait dix fois que j'envoie ce fax, et mon correspondant me dit qu'il ne reçoit que des feuilles blanches?

– Tu as mis la feuille du bon côté? demande la collègue perspicace.

– Ben oui! Et comme c'est confidentiel, j'ai même plié la feuille en deux pour que personne d'autre ne la lise!

*

Un employé demande à son patron:

– Puis-je finir plus tôt ce soir? Mon

père est souffrant, il faudrait que je puisse rentrer chez moi plus tôt pour m'occuper de lui...
– Encore ! Comment se fait-il que votre père soit souffrant chaque fois qu'il y a un match à la télé, hein ?
– En effet, c'est étrange... répond l'employé. Je me demande s'il ne le fait pas exprès !

*

Une secrétaire blonde demande à une de ses collègues :
– Oups ! Tu peux me dire où sont les touches sur le clavier pour faire les chiffres romains !?

CITATION

« *Si tout le monde vous donne raison, c'est que vous êtes d'une intelligence remarquable... ou bien que vous êtes le patron.* »

Pierre Desproges (1939-1988),
humoriste français.

PETITE BLAGUE POUR FAIRE CH*** VOS COLLÈGUES

À Pâques, cachez quelques œufs en chocolat un peu partout dans votre entreprise et faites ensuite courir la rumeur: « Il paraît que la direction a caché des chocolats pour organiser une chasse à l'œuf... Il y aurait même un œuf en or à trouver! » Au fur et à mesure des découvertes des uns et des autres, la rumeur va se propager et une grande chasse à l'œuf devrait très vite commencer!

PETITE LISTE D'INSULTES À L'INTENTION DE VOS COLLÈGUES (À N'UTILISER QU'EN CAS DE PÉTAGE DE PLOMB)

- *Chasse d'eau qui fuit!*
- *Gros légume sur pattes!*
- *Fan de Justin Bieber!*
- *Tu as l'intelligence d'une moule à marée basse.*
- *Crétin des Alpes!*
- *Le tiers-monde du cerveau s'est donné rendez-vous dans ta tête.*

COMMENT SE VENGER...

... DU COLLÈGUE TOUJOURS DÉBORDÉ

Il est *overbooké*, trop de choses *to do* et des *deadline* à respecter. Si vous avez besoin de lui et si ce n'est pas déjà *too late*, il faudra quand même l'*updater next-week* (lui remémorer ça la semaine suivante) et il verra alors ce qu'il peut faire *ASAP (As Soon As Possible)*!

Puisqu'il a besoin d'aller plus vite, voici un petit truc pour lui faire gagner du temps... ou pas.

Au choix: réglez la vitesse de la souris de son ordinateur au maximum, elle sera incontrôlable; ou bien optez pour la vitesse minimale, qui devrait le rendre complètement fou!

Dans un grand supermarché, une nouvelle recrue suit une formation avec un vendeur confirmé. Ce dernier lui demande de le regarder faire. Un premier pigeon s'approche et demande :
– Pourriez-vous m'indiquer l'emplacement des boîtes d'engrais ?
– Oui, c'est la deuxième allée à gauche. Par contre, avec ces nouveaux engrais, votre pelouse va pousser comme jamais ! Votre ancienne tondeuse ne pourra jamais supporter une telle charge de travail. Nous faisons aujourd'hui une promotion sur une tondeuse incroyable qui vous sera d'une grande utilité !
Et le client achète aussi la tondeuse... Le jeune collègue est bluffé par les talents de son mentor.

Un nouveau client s'approche...
– Bonjour, ma femme m'envoie acheter des tampons. Je ne sais pas où ça se trouve...
Le vendeur novice renseigne le client :
– Les tampons, c'est la cinquième allée à gauche. Par contre, votre femme ayant ses règles, elle doit sérieusement vous taper sur les nerfs ! De plus, elle refusera certainement tout rapport sexuel. Votre week-end est foutu ! Il ne vous reste plus qu'à vous occuper de votre jardin et tondre la pelouse ! Je me permets donc de vous présenter notre promotion exceptionnelle sur les tondeuses...

PROPOSITIONS DE MÉTIERS DE RECONVERSION À L'INTENTION DE VOS COLLÈGUES

- *Avaleur de couleuvres*
- *Compteur de grains de sable*
- *Contrôleur de la futilité*
- *Compteur de vagues sur la côte méditerranéenne*
- *Dresseur de poisson rouge*
- *Maître pétomane*
- *Reboucheur de trous de gruyère*
- *Peintre pour M&M's blancs*

PETITE BLAGUE POUR FAIRE CH*** VOS COLLÈGUES

Retardez d'une heure toutes les horloges du bureau, et les éternels retardataires du matin travailleront une heure de plus !

PERLE DE COLLÈGUES

« Avant que tu ne sois embauchée, tout le monde pensait que le patron choisissait ses assistantes à cause de leur physique ! »

CITATION

« La veille de la fête des Secrétaires, il y a sûrement de nombreux patrons qui ont dit à la leur : "Nicole, vous penserez demain à vous acheter un bouquet de fleurs." »

Laurent Ruquier (1963),
humoriste satiriste et animateur français.

À 10 h 30, un Indien entre dans un bar et lance :
– Moi, vouloir café !
Le barman lui sert son café. Après l'avoir bu, l'Indien se met à insulter tout le monde, déclenche une bagarre générale et s'enfuit aussitôt.
Le lendemain, à 10 h 40, l'Indien réapparaît... Sourire aux lèvres, il entre, ne dit pas bonjour et lance :
– Moi, vouloir café !
Le barman hésite mais lui sert finalement son café. Après l'avoir bu, l'Indien se met à insulter tout le monde et déclenche une nouvelle bagarre générale avant de s'enfuir aussitôt.

Le lendemain, à 11 h 30, l'Indien se pointe de nouveau dans le bar.
Le barman l'interpelle :
– Eh, l'Indien ! Qu'est-ce que tu viens encore faire là !
– Moi, venir pour mon cours.
– Ton cours ?
– Oui, moi suivre stage pour devenir chef ! Moi, arriver en retard ; moi, demander café ; moi, foutre la merde ; et moi, partir avant tout le monde !

COMMENT SE VENGER...

... DU COLLÈGUE QUI SENT MAUVAIS

Avez-vous remarqué que celui qui pue du bec a la méchante habitude de vous parler à 30 centimètres du visage ? Ou encore que celui qui se parfume à la *Fleur d'aisselle* vient toujours se coller à vous ? L'heure de la vengeance a sonné, il est grand temps de développer leur sens olfactif ! Mettez un morceau de camembert dans ou derrière leur radiateur...

PETITE BLAGUE POUR FAIRE CH*** VOTRE COLLÈGUE

Dévissez l'ampoule du plafonnier de son bureau. Plongé dans le noir, il devrait faire appel aux services techniques et ne devrait pas manquer de passer pour un imbécile à leurs yeux lorsqu'ils découvriront l'origine de la panne...

IDÉES DE CADEAUX À OFFRIR À UN COLLÈGUE...

... POUR FÊTER SON MARIAGE

- *Le DVD d'un film X*
- *1 boîte de boule Quies*
- *1 paire de gants de boxe*
- *1 poupée gonflable ou 1 vibromasseur*

... POUR FÊTER SA PROMOTION

- *Le DVD de* Promotion canapé
- *Rien*

PERLE DE COLLÈGUES

– Bonjour, je remplace M. X...

– Bonjour. Et vous comptez le remplacer comment ?

– C'est-à-dire ?

– Ben... Parce que si c'est pour être aussi chiant que lui et en faire aussi peu que lui, c'est pas la peine !

PETITE LISTE D'INSULTES À L'INTENTION DE VOS COLLÈGUES (À N'UTILISER QU'EN CAS DE PÉTAGE DE PLOMB)

- L'intelligence d'un cloporte!
- Inconditionnel des chansons de Patrick Sébastien!
- Chèvre afghane!
- Quand je te regarde, je me dis qu'il doit manquer une cloche à une église
- Tu as deux cerveaux: un perdu et l'autre parti à sa recherche...
- Crétin de l'espace!

PETIT TRUC POUR NE PAS VOIR SON COLLÈGUE

Ne partez jamais dîner en même temps que le collègue que vous exécrez. Attendez son retour pour partir manger et, en attendant, profitez du calme du bureau pour vous octroyer un petit somme!

Avant de partir en vacances, un chef d'entreprise fait le pari idiot avec sa secrétaire d'envoyer à cette dernière une photo de lui sur la plage. L'homme se rend en réalité, en famille, sur une plage de naturistes... Pour tenir sa promesse, il demande à sa femme de bien vouloir le photographier sur la plage. Comme il est hors de question d'envoyer une photo de lui ne serait-ce que torse nu, il enfile juste un tee-shirt en disant à sa femme qu'il coupera ensuite le bas de la photo pour n'envoyer que le haut. La photo prise puis développée, il coupe la partie basse montrant son sexe et expédie l'autre moitié de la photo à sa secrétaire. Malheureusement, il ne s'aperçoit que trop tard avoir conservé la mauvaise moitié et expédié la photo de son sexe ! Les vacances terminées, il revient extrêmement gêné au travail. En entrant dans son bureau, sa secrétaire l'accueille...

– Alors ? Vous avez passé de bonnes vacances ?

– Hum... Heu... oui.

– Au fait, merci pour la photo... C'est tout vous, ça ! Toujours décoiffé et la cravate de travers !

PETITE BLAGUE POUR FAIRE CH*** VOS COLLÈGUES

Enduisez tous les interrupteurs des toilettes de votre entreprise avec le contenu d'un yaourt au chocolat...
Cela devrait couper l'envie à vos collègues de simuler des pauses pipi pour ne rien faire !

CITATION

« Le travail d'équipe est essentiel. En cas d'erreur, ça permet d'accuser quelqu'un d'autre. »

Bernard Menez (1944),
comédien français.

COMMENT SE VENGER...

... DU COLLÈGUE QUI SE FAIT MOUSSER

Le meilleur, c'est lui. Le plus travailleur, c'est lui. La clef de voûte de la société, c'est encore lui. D'un ego démesuré et d'une mauvaise foi à toute épreuve, il n'hésite pas non plus à s'approprier les bonnes idées des autres. Le pire, c'est qu'il cire tellement les pompes du patron que toute la gloire lui revient systématiquement. Un jour où il s'absente en laissant son ordinateur allumé, utilisez sa boîte mail pour envoyer au patron une invitation à un club échangiste...

PROPOSITIONS DE MÉTIERS DE RECONVERSION À L'INTENTION DE VOS COLLÈGUES

- *Burnologue*
- *Balayeur du désert !*
- *Dresseur de puces pour cartes de crédit*
- *Contrôleur du sens du vent*
- *Casse-noisettes*
- *Designer d'aires d'autoroutes bulgares*
- *Tireur de chasses d'eau*
- *Aplatisseur de paillasson*

Un homme d'affaires vient de se suicider. La police interroge son assistante:

– Quelle était la nature de vos relations?

– Autant vous le dire tout de suite, nous étions amants...

– Depuis longtemps?

– Ça faisait quatre ans!

– Voyez-vous une raison qui l'aurait poussé à se suicider?

– Il venait de divorcer pour vivre avec moi. Il m'a offert un énorme diamant et je lui ai dit que c'était beaucoup trop! Il m'a demandé pourquoi et je lui ai répondu que les autres collègues avaient l'habitude de me donner seulement 20 euros...

*

Le cadre supérieur d'un parc d'attractions pour enfants reçoit une jeune femme qui postule pour un poste d'assistante de direction.
– Bonjour, mademoiselle. Nous allons commencer votre entretien d'embauche. Je présume que vous savez vous servir d'un ordinateur?
– Oui, bien sûr!
– Bien. Avez-vous l'habitude de répondre au téléphone?
– Oui, mon précédent emploi était aussi un poste d'assistante de direction.
– Parfait. Vous aimez les enfants?
– Pour cela, je préfère qu'on attende un peu...

PERLE DE COLLÈGUES

– Salut, c'est toi qui remplaces notre collègue qu'est mort ?
– Oui, bonjour... Je suis désolé pour lui...
– T'inquiète pas pour lui, c'était un gros con. Tu comptes rester combien de temps ?

PETITE BLAGUE POUR FAIRE CH*** VOTRE COLLÈGUE

Éternuez, toussez devant votre collègue sans mettre la main devant votre bouche et dites que vous avez une gastro carabinée !

PETITE LISTE D'INSULTES À L'INTENTION DE VOS COLLÈGUES (À N'UTILISER QU'EN CAS DE PÉTAGE DE PLOMB)

- Diffuseur de connerie en spray !
- Tête d'ampoule non recyclable !
- Tiens ! Je te vois, ça me fait penser qu'il faut que j'achète de l'andouille...
- Encéphalogramme plat !
- Toi, tu iras loin ! Avec le petit vélo que tu as dans la tête.
- T'as la vivacité d'esprit d'Ève Angeli !

COMMENT SE VENGER...
... DU COLLÈGUE QUI SE CROIT SUPÉRIEUR AUX AUTRES

Il vous regarde de haut et a un sourire en coin qui en dit long sur ce qu'il pense de vous.
Empruntez-lui discrètement quelques courriers signés de son nom, rendez-vous à la photocopieuse et faites-lui avaler ces courriers, sur lesquels vous aurez préalablement placé quelques trombones et agrafes...
Une grosse galère pour le prochain qui se présentera à la photocopieuse, mais le responsable sera tout trouvé !

M. le directeur a une douloureuse migraine. Il appelle un collaborateur:
– Courez à la pharmacie! Allez me chercher des cachets contre la migraine, c'est insupportable!
– Bien, monsieur le directeur, j'y vais... mais... si je puis me permettre...
– Quoi encore!!!
– Excusez-moi... Je voulais seulement dire que moi, quand j'ai une migraine, je fais l'amour à ma femme et ça passe tout de suite, monsieur le directeur.
– Parfait! On prend votre voiture et amenez-moi chez vous!

Un homme entre dans le bureau de son patron.
– Bonjour, monsieur le président-directeur général. Voilà, c'est ma femme... Elle m'a dit de vous demander une augmentation...
– Très bien, monsieur Durant, je comprends. Je vais demander à la mienne...

CITATION

« Il était tellement bête que ses collègues s'en étaient aperçus. »

Winston Churchill (1874-1965), *homme d'État, journaliste et écrivain britannique.*

PETITE BLAGUE POUR FAIRE CH*** VOTRE COLLÈGUE

Mettez un bout d'adhésif sous le rayon optique ou infrarouge de sa souris d'ordinateur...

5 FAÇONS D'AGACER VOTRE COLLÈGUE

- *Tous les matins, pour lui dire bonjour, sortir le doigt de votre nez juste avant de lui serrer la main.*
- *Tapoter un stylo sur le bureau.*
- *Mastiquer bruyamment un chewing-gum.*
- *Relever et corriger toutes ses fautes de français quand il vous parle.*
- *Lui répondre en imitant l'accent belge.*

CITATION

« ... Ceux qui se comportent ainsi sont considérés par leurs collègues comme les cactus de bureau car la convivialité est exigée, sous forme de pots, de blagues convenues, de tutoiement et de bises hypocrites (toutes choses à simuler sous peine d'exclusion). »

Corinne Maier (1963),
psychanalyste et essayiste suisse.
Extrait de *Bonjour paresse.*
De l'art et de la nécessité d'en faire le moins possible en entreprise

Un cadre arrive au travail l'air très contrarié. Un collègue lui demande:
– Ça ne va pas? Tu n'as pas l'air dans ton assiette?
– Non... En rentrant, hier, j'ai trouvé ma femme au lit avec un type.
– Aïe! Qu'est-ce que tu as fait?
– Il n'y avait plus grand-chose à faire... J'ai demandé à ma femme ce qu'il fallait que je fasse pour qu'une telle situation ne se renouvelle pas et elle m'a répondu: « Des heures supplémentaires! »

*

Un électricien vient d'engager un apprenti et lui explique son travail...
– Prends un de ces deux câbles électriques dénudés !
L'apprenti empoigne un des deux câbles...
– Ça y est, patron ! Et maintenant ?
– Tu ne sens rien ?
– Non...
– Alors surtout ne touche pas l'autre, il y a du 20 000 volts dedans !

COMMENT SE VENGER...

... DU COLLÈGUE LUBRIQUE

Il se retourne pour mater les postérieurs, plonge son regard dans les décolletés et raconte des histoires graveleuses... Sa femme se doute-t-elle de son comportement ? Histoire de mettre un peu d'ambiance dans sa vie de couple, aspergez copieusement ses vêtements d'un parfum féminin...

PERLE DE COLLÈGUES

Au comptoir :
– Moi, avant, j'avais un collègue !
– Moi aussi, avant, j'avais un travail...

CITATION

« Penser à ses collègues pendant ses vacances est un petit plaisir masochiste. Certains poussent même le vice jusqu'au sadisme en leur envoyant une carte postale... »

L'auteur de ce livre

Dans la collection Le petit livre,
vous trouverez également les thématiques suivantes :

Cuisine - Diététique

Arts - Histoire - Spiritualités - Savoirs

Astrologie - Humour - Jeux - Insolites

Vie pratique - Vie professionnelle

Langue française - Langues

Développement personnel - Vie de famille - Santé

Jeunesse

Pour consulter notre catalogue et découvrir les dernières nouveautés,

rendez-vous sur www.editionsfirst.fr !